AF240254

J. B. M. MONTANÉ,

DE GRENADE, PRÈS TOULOUSE,

PRÉSIDENT DE LA PREMIERE SECTION DU TRIBUNAL RÉVOLUTIONNAIRE DE PARIS,

Dénoncé par FOUQUIER - TINVILLE,

A LA

CONVENTION NATIONALE.

REPRÉSENTANS,

IL ne suffit pas à un bon citoyen qui a été dénoncé et accusé, à un véritable ami du peuple et de son bonheur, que vous avez honoré de votre confiance, d'avoir été acquitté et mis en liberté immédiatement, par un jugement public du tribunal révolutionnaire ; il veut encore être jugé, et par vous, et par le tribunal de l'opinion publique.

Le 10 mars 1793 (v. st.) la convention nationale créa le tribunal révolutionnaire ;

A

j'en fus nommé président, *non* sur la présentation d'un comité, *mais au scrutin secret, et à la pluralité des suffrages.*

Je fus d'autant plus surpris de cette nomination, que je ne l'avois pas sollicitée.

Je la dus sans doute à mon patriotisme déclaré par plusieurs représentans du peuple de mon pays, qui me connoissent depuis mon enfance, qui m'ont vu pendant dix-huit années exercer avec l'estime générale, les fonctions de lieutenant - civil et criminel en la ci - devant sénéchaussée de Toulouse ; qui m'ont vu dans les assemblées électorales de notre département depuis la révolution, toujours environné de la confiance publique ; qui m'ont vu, enfin, exercer aussi avec la confiance publique les fonctions de juge de paix depuis l'établissement jusques au moment de mon départ pour Paris.

A peine le tribunal fut-il organisé que je mis tout en usage pour repondre à la confiance dont j'avois été honoré par les représentans du peuple.

J'entrois tous les jours au palais à 7 heures du matin, et si l'on excepte le tems nécessaire à un diner pris à la hâte, je ne sortois jamais le soir avant dix , onze heures , et minuit.

J'apportai dans l'exercice de ces nouvelles fonctions , les mêmes qualités dont j'ai toujours fait profession publique , et qui , pendant environ *vingt* années d'exercice de fonctionnaire public , m'ont toujours acquis l'estime générale de mes concitoyens.

Le 29 juillet 1793 , (v. st.) c'est à-dire après quatre mois d'un travail extraordinaire et forcé pour punir les ennemis du peuple , *Fouquier-Tinville* me dénonça au comité de salut public par sa lettre du même jour , insérée dans le Moniteur du lendemain 3o juillet.

Fouquier-Tinville surprit la religion du comité. Le même jour 29 juillet je fus mis en état d'arrestation , et les scellés sur mes papiers , *sans avoir été entendu.*

Le lendemain 3o juillet il intervint un décret portant :

ARTICLE PREMIER.

« Les dénonciations faites au comité de
» salut public le 29 juillet présent mois, par
» *Fouquier-Tinville* , accusateur public au
» tribunal révolutionnaire établi à Paris ,
» *contre Montané, président du même tri-*

» *bunal*, seront remises à l'accusateur public
» de la seconde section créée par décret de ce
» jour, et ledit Montané demeurera en état
» d'arrestation.

I I.

» Il sera procédé demain à l'élection d'un
» citoyen pour remplir *provisoirement* les
» fonctions de président de la premiere sec-
» tion »..

Mes crimes étoient mon véritable patriotisme, mon assiduité, ma clairvoyance, mon
impartialité, mon opposition constante au
despotisme de mon dénonciateur.

Mes crimes étoient encore les menaces pu-
bliques que je venois de faire à *Tinville* peu
de jours auparavant, et que j'allois exécuter,
(1) de me présenter à la barre de la convention nationale pour dénoncer sa conduite ju-
diciaire, tant publique que clandestine. (Je
viens d'être forcé de la déclarer au tribunal
révolutionnaire *par un délibéré de la
chambre*, sur l'assignation qui m'a été
donnée, et malgré la délicatesse que j'avois

______

(1) J'eus le malheur d'en faire la confidence à Foucault, juge, le 23 juillet au soir ; six jours après, de dénoncé qu'il alloit être, Tinville fut mon dénonciateur.

manifesté de déposer dans son affaire. J'ai énoncé partie des faits en franc et loyal républicain. J'en donnerai le détail , j'en produirai les preuves écrites aux débats , je desire que mon dénonciateur les détruise, qu'il donne aux jurés et au public des réponses satisfaisantes).

Mon crime étoit enfin une mortification que je lui donnai *la veille* de sa dénonciation, 28 juillet , vers les 5 heures du soir, en m'opposant de nouveau à son despotisme , et en défendant au citoyen Débune , officier de gendarmerie, d'exécuter les ordres que Tinville avoit entrepris de lui donner pendant mon dîner, à mon insu et contre le droit de ma place , de fournir un piquet de gendarme pour aller au Luxembourg , et de ce que je fus obéi.

Ce sont là les véritables motifs de la dénonciation qu'il fit *le lendemain.*

Au surplus que dénonça-t-il le 29 juillet ? (v. st.). Le voici :

» 1°. Que dans le jugement des Orléanais,
» rendu le 12, j'avois effacé la confiscation
» des biens; 2°. que dans les questions contre
» la scélérate Corday , jugée le 17, j'avois
» rayé les mots *préméditation* et *ontre-révo-*
» *lutionnaires* ».

Voici mes réponses à ces deux inculpations. Il est bon que les représentans du peuple et le public les connoissent et les apprécient, comme l'ont fait les jurés.

1°. *Il est très vrai que j'avois effacé la confiscation des biens des Orléanais ; je l'avois fait non seulement en approuvant les mots rayés et en les signant, mais encore en faisant sur-le-champ au greffier de très-vifs reproches, pour l'avoir insérée dans le jugement.*

Oui, je l'avois effacée, parce qu'il n'étoit pas vrai qu'elle eût été votée, ni délibérée dans la chambre du conseil. (Les débats l'ont prouvé.) On ne vouloit même pas voter la peine de mort.

Oui, je l'avois effacée, parce qu'il n'étoit pas vrai qu'elle eût été prononcée à l'audience. (Les débats l'ont encore prouvé). Les juges (Foucault excepté) fondoient en larmes. Le jugement de mort, n'a jamais été prononcé à ces malheureux en face. C'est le *seul* de mon tems, qui ne l'a pas été, je ne l'oublierai de ma vie (1).

___

(1) J'exposerai incessamment et sans réflexion, les faits et les circonstances de cette affaire malheureuse et provoquée, que trente séances, ou quinze jours

Oui je l'avois effacée, parce que les jurés ayant déclaré les accusés convaincus d'avoir commis le délit avec des intentions criminelles, mais *non contre-révolutionnaires*, la confiscation ne devoit pas être prononcée d'après la loi.

Voilà les faits ; voilà partie de mes motifs que les jurés ont parfaitement appreciés.

Au surplus, long-tems *avant* la dénonciation, il existoit au greffe un second jugement signé de tous les juges, dans lequel *la confiscation avoit été insérée*, d'après la réponse que me fit *après-coup* Roussillon, juge, qu'il étoit vrai qu'il n'avoit pas prononcé cette confiscation, mais qu'il l'avoit entendu. Il y eut par ce moyen trois juges contre deux.

Il n'y avoit donc, comme l'on voit, aucunement lieu à dénoncer une radiation *de confiscation des biens*, approuvée, signée, et annoncée sur-le-champ, qui avoit été faite d'après la vérité du fait et la loi ; et qui, au surplus, avoit été *insérée* dans *un second jugement plusieurs jours avant la dénonciation.* Si celle-ci n'est pas (je le repete) une que-

de débats, m'ont fait parfaitement connoître. Le public la jugera avec son impartialité ordinaire ; il faut enfin que la vérité soit connue.

relle d'allemand, assurément il n'y en aura jamais aucune. C'est ce que les jurés ont parfaitement vu.

Il en est de même quant à la seconde dénonciation, relative à la scélérate Corday. Voici le fait.

Pendant les débats une main officieuse et étrangere me présenta *un projet* de questions, je l'acceptai ; mais ne trouvant pas que la question intentionelle fût posée comme je le sentois, je corrigeai ce qui ne me convenoit pas». L'a-t-elle fait avec préméditation, » et avec des intentions contre-révolution- » naires « ? portoit l'écrit.

Je *réduisis* cette troisieme question comme suit : « L'a-t-elle fait avec des intentions cri- » minelles et préméditées d'assassiner sur la » cîme de la montagne, un représentant » du peuple » ? (C'étoient là les expressions écrites de l'assassin).

Je présentai ainsi corrigées les questionss aux jurés, après en avoir fait lecture publique sans aucune réclamation; ils font leur déclaration immédiatement. Les juges, l'un après l'autre, et *unanimement,* opinent publiquement à la peine de mort et à la confiscation ; j'opine de même, et je prononce publiquement, à l'assassin, la peine de mort et la confiscation. Le jugement qui étoit déja dressé, est signé sur-le-champ ; je n'avois plus entendu parler de cette affaire depuis cette époque.

Voilà les deux faits dont l'un se reportoit au 14 de juillet, et l'autre au 17, et qu'il plut à mon dénonciateur de dénoncer le 29 du même mois, c'est-à-dire 12 et 15 jours après, *par vengeance personnelle*, pour *m'éloigner du tribunal*, pour pouvoir continuer *de manœuvrer à son aise*; qu'il dénonça encore sans *aucune utilité pour la chose publique*, puisque dans l'une et l'autre affaire le vœu de la loi étoit, comme l'on voit, pleinement et parfaitement rempli *et même au-delà*, long-tems *avant* sa dénonciation.

Aussi les jurés l'ont-ils vu clairement, n'ont-ils pas pris l'échange ; car en me déclarant convaincu d'avoir fait ces radiations *(* que j'avois approuvé, signé, et non contesté*)*, ils ont déclaré immédiatement *que je ne les avois faites, ni avec des intentions criminelles, ni avec des intentions contre-révolutionnaires* : auroient-ils pu déclarer le contraire ? il n'y avoit pas de délit ; aussi, l'acquittement et la mise en liberté ont-ils fait justice de cette affreuse dénonciation. (1)

Représentans, je ne suis ni ex-noble, ni ex-privilégié, ni riche. Aujourd'hui, comme à l'époque de la création du tribunal, je suis digne de votre estime et de votre confiance. Agé de 43 ans, j'exerce les fonctions de juge depuis vingt-un, avec l'estime générale. Pendant 4 mois que j'ai présidé le tribunal, j'ai travaillé extraordinairement ; j'ai traité avec humanité tous les accusés, j'ai puni avec sévérité et fermeté les ennemis du peuple et de la liberté, les Dumolan, les Malherbe, les Duguigny, les Vaujours, les Mauny, les Miaczenski, les Blanchelande, les Devaux,

---

(1) Le 28 août 1793, (*v. s.*), Tinville fit délibérer, verbalement, par le tribunal, que je serois mis en liberté *de suite, si je voulois donner ma démission.* (Tinville, témoin dans mon affaire, en a convenu publiquement dans les débats). *Je rejetai cette proposition par ma lettre au tribunal, du lendemain vingt-neuf, avec indignation,* ainsi que je l'avois fait le 29 juillet, jour de mon arrestation *et avant,* sur l'ouverture que m'en fit, en allant au Muséum, un représentant, membre du comité de salut public, dans la rue Honoré, en face de celle de la Loi, et auquel je répondis que je ne pactisois, ni avec mon honneur, ni avec un.....

les Lescuyer, les Mazelieres, les Laguyoma-
rais, les Pontavice, les Fontevieux, les
Launay, les Lamothe, les Corday, les
Vaubrenier, &c. &c. &c.

Je puis encore servir ma patrie et la révolution avant de rentrer dans le sein de
ma famille, pour y finir une vie tranquille
et irréprochable.

Représentans, l'article II du décret du 3o
juillet 1793 (v. s.), me concernant, porte :

« Il sera procédé demain à l'élection d'un
» citoyen pour remplir *provisoirement* (et
» à la place de Montané) les fonctions de
» président de la premiere section du tri-
» bunal révolutionnaire ».

Par mon acquittement et ma mise *en liberté* immédiate, ce provisoire a été
anéanti. Je suis rentré de plein droit dans
ma place.

Le décret général du 8 nivôse dernier me
donne encore le même droit, je dois donc
être rétabli. *(a)*

(*a*) Du reste je ne déplace personne. Je n'avois été
que *suspendu*. Le citoyen d'Obsen qui m'a remplacé
immédiatement, et qui n'a exercé mes fonctions que *provisoirement,* peut continuer encore les mêmes, en qualité
de président de la seconde section.

Je demande en conséquence qu'il plaise à la convention nationale de décréter :

ARTICLE PREMIER.

J. B. M. Montané, président de la premiere section du tribunal révolutionnaire de Paris, jugé publiquement, acquitté et mis en liberté sur-le-champ, par jugement du tribunal révolutionnaire de Paris, du 27 fructidor dernier, sera rétabli dans sa place, conformément aux décrets des 30 juillet 1793 (v. s.) et 8 nivôse dernier.

II.

Montané sera payé de son traitement conformément à l'article II du décret du 4 mai 1793, (v. s.).

Le 21 vendemiaire, l'an 3eme. de la république française une et indivible.

Signé J. B. M. MONTANÉ.

De l'Imprimerie de F. PORTE, rue J. J. Rousseau, n°. 11, vis à vis la Poste.